여우장갑

최정란 시집

문학의전당 시인선
393

여우장갑

최정란 시집

문학의전당

시인의 말

살다 보면
푸른 혀를 내밀어
슬픔의 간을 보는 날이 있다, 라고
쓴 적이 있다.

2025년 8월
최정란

차례 시인의 말

제1부

그랑자트섬의 오후　13

마릴린 먼로　14

청사포　15

산벚나무에 이력서를 내다　16

목도리도마뱀　18

시이튼의 동물기　19

대팻집나무　20

토마토　22

화살　23

물 水 자를 베고 자는 잠　24

사막이 보낸 편지　26

다락방　27

자유분방　28

모나미 볼펜 153　30

범일동 자수점　31

네잎클로버　32

제2부

우주인 공성인 35
새 36
송다 38
웰위치아 39
두실역 일 번 출입구 40
불 속의 편지 42
꽃밭에서 43
목련 44
문희, 꿈을 사다 46
낙타편의점 47
여우장갑 48
강물재판 50
혹등고래의 외줄타기 51
백 년 동안의 고독 52
훌라후프 54

제3부

수건돌리기 57
코피 58
넥타이 59
반환점 60
달빛거미 62
비학리의 배후 63
삼족오(三足烏) 64
수국꽃 피거든 66
벽조목 도장 67
타래난초 68
보름달, 70
풀등 71
접선 72
그리피스 조이너의 손톱 74
아침 명상 75
맞수 76

제4부

불혹 79
그림자 월장 80
과수원이 있던 자리 82
하현 83
귀뚜라미 환상통 84
감동란 86
애국가 87
파킨슨 신전(神殿) 88
황태해장국 90
카시오페이아자리 91
연탄 92
거푸집 94
삼강나루 95
숫돌 96
종합선물세트 98

해설 | 몽유의 나무, 등을 켜다 99
염창권(시인)

제1부

그랑자트섬의 오후*

아홉 명의 아이들 아홉 장의 종이에
나누어 그린 자기 몫의 그림을 합한다

양산이 하늘과, 치맛자락이 발목과 어긋나고,
팔이 팔꿈치와, 손이 손가락과 어긋나고,
남자가 여자와, 하늘이 바다와 어긋난다
소리는 빛과, 나무는 강물과 어긋나고,
그늘이 빛과, 휴식이 평화와 어긋난다,

어긋남이 어긋남과 어긋나는 오후 네 시
퍼즐과 미로 같은 생의 나른한 그림자

---

*쇠라.

마릴린 먼로

지붕 위에
마릴린 먼로가 앉아 있다

박꽃 진 자리

새 봉분처럼 둥근 엉덩이
하얗게 까뭉였다

구멍 뚫린 어둠에
바짝 붙어 앉아
눈을 반짝이는 별들
찰칵, 몰래
카메라의 셔터를 누른다

샤넬 No. 5
향기가 찍혀 나온다

아찔한 외출이다

청사포

　해운대의 오르가슴에 이르는 길은, 수평선을 오른쪽 어깨에 걸고 바다 쪽으로 깊어진다 이마에 맺힌 가파른 땀방울이 한 박자 숨을 길게 몰아쉬면, 파도 속 천 년을 눈 감은 모래 한 알 반짝 눈 뜨고, 동해와 남해 차갑고 뜨거운 물의 몸이 바위를 쳐 댄다 격렬하게 깊어지는 바다 안개 속에서 푸른 진주를 굴리며 파도와 엉기는 푸른 뱀, 절정을 앞둔 해당화 꽃잎 홑겹의 붉은 신음에 닿는다

산벚나무에 이력서를 내다

잎 지으랴 꽃 빚으랴 바쁜 나무
봄이 주문한 꽃들의 견적서를 쓰고
잎들의 월간 생산 계획을 짠다
가장 알맞은 순서도에 따라
발주 받은 꽃들을 완성한다
납기에 늦지 않게 꽃들을 싣고
잔가지 끝까지 빠짐없이 배달하려면
손이 열 개라도 모자란다
붉은 낙엽 털어내 연말 결산하고
안으로 굳은 옹이를 쓰다듬는 나무
대차대조표에 빈 가지만 남아도
봄이면 꼼꼼하게 부름켜 조이고
제 몸의 숨은 스위치 올려
가지와 뿌리를 닦고 기름 친다
나무 공장에 출근할 수 있다면
숙련공 대신 임시직으로 채용된다면
꽃 지고 난 뒷설거지까지
성심성의껏 나무를 거들고 싶다

첫 월급봉투 받아들고 두근거리며
나무의 봄과 딱 한 번, 접 붙고 싶다

목도리도마뱀

경중경중, 뛰어서 어디로 가나

아웃백 벽에 핀으로 고정된 박제가
걷는 듯 뛰는 듯 타는 도시를 건넌다

양산처럼 목에 늘어진 주름 펼쳐 들고
최선인 듯 차선인 듯
맨머리 땡볕에 내놓은 채 질주하는
모래로 빚은 뜨거운 자화상

달려야 먹지, 달려야 먹히지 않지
박제가 된 후에도 벗지 못한
엉성한 사막 달리기,

타는 사막과 닿는 접면을 최소화하려는
경중경중, 뜨거운 달리기

동물의 왕국을 한동안 잊고 있었다

시이튼의 동물기
—이리왕 로보 편

 가장 힘센 수컷 앞에 꼬리 흔들어 선두를 허락하지 않는 로보, 유일하게 앞서 뛰어다니는 사랑스런 암컷이 되고 싶었다 무리의 암컷들과 수컷들 흘깃거리는 질시의 눈길 즐기며 감히 같이 먹겠다고 머리 들이밀지 못하는 로보의 가장 좋은 고기를 함께 먹고 싶었다 불어난 강물에 휩쓸려 무릎 꺾인 수컷의 어깨를 물고 물 밖으로 끌어당기며, 강을 건넜다 울고 싶어도 울 수 없었다 정글을 헤매며 빌톱이 빠져가며 잡아 온 고기를 무리의 그릇에 골고루 나누어 주는 거룩한 암컷이 되고 싶었다 덩굴식물처럼 얽힌 정글의 질문에 다시 질문으로 답하며, 발톱이 채 여물지 않은 어린 이리들의 푸른 눈에 둘러싸인 늙은 암컷 블랑카가 부족의 사랑과 고난의 역사를 구전한다

대팻집나무

대팻날을 박아 넣으면 안성맞춤이다
단단한 목질에 쇠붙이 운명을 품고 서 있는 나무

껍질을 벗겨내고 살을 저며낼 적을
가슴에 안아야 한다는 것을 알면서도 방심한 표정은
얼마나 서늘한 그늘의 무늬인가

오래 참은 말처럼 입을 꾹 다물고 있는
옹이를 깎아낸다
위태로운 내력을 한 장씩 들춰내며
가슴을 훑어 내려가는 이 날카로운 것이
영혼의 누추한 속살을 샅샅이 뒤져본 대팻날이라니

햇빛을 보지 않은 지 오래되어 녹슬었던가
바람이 숲을 지날 때마다
향기 대신 비명이 깎여 나온다
대팻밥처럼 얇게 밀리는 바람 소리, 귓가에 쌓인다

누가 대팻집나무를 여기에 심었을까

나에게 말고는 아무에게도 날을 들이댈 수 없는데

토마토

어머니가 내 머리 위에 물을 뿌리네
어서 자라라 착한 아가야
네가 자라야 내가 떠나지
텃밭에 토마토가 자라고
줄기에 주렁주렁 언니들이 매달리고
꽃이 겨우 떨어진
나는 연못 쪽으로 뿌리를 뻗네
사람은 집 한 채를 지어봐야
세상 물리를 안단다
지붕이 낮은 아버지가 말씀하시네
곧 빨간 기와를 올릴 거야
일기장에 토마토만 한 무덤이 생기네

화살

무수히 쏘았으나 과녁을 빗나간 꿈들에 관하여
가슴을 스쳐 간 쓰라린 찰과상의 길에 관하여
예고 없이 꽂힌 심장의 과녁에 관하여
송곳 끝만 한 몸 하나 꽂을 자리를 못 찾고
머뭇거리다 곤두박질친 한순간의 추락에 관하여
바닥에 누웠으나 아무에게도 말할 수 없었던,
등 뒤에 지고 누운 바닥의 차가운 질척함에 관하여
흔적 없이 썩지 못하고 전생이 반쯤 남은
삭정이로 발견된 나날의 치욕에 관하여
바람을 매기는 동안 내쉰 활의 긴 날숨에 관하여
한 발의 명중이 있기 전에는, 말하지 않는다

물 水 자를 베고 자는 잠

한밤중에 일어나
파란 모나미 볼펜으로 물 水 자를 쓴다
자주 목이 마르고 이따금씩
마음이 물속으로 걸어 들어간다

사주에 불이 많아
물가에 가서 살거나 물하고 친해져야 한다

백 년 만의 폭설이
하늘을 떠돌던 물을 미리 당겨 써서
가뭄이 닥칠 것이다

물기를 앞당겨 써버린 불기둥은
어디로 더 많은 비구름을 몰아갔을까

나와 내가 상극하면서
물 水 자를 베고 자는 밤,
손바닥만 한 종이에 담긴 물 水 자는

찔레꽃을 띄우고

베개 밑을 지나

건조한 운명 속으로 흘러들어간다

사막이 보낸 편지

 불타는 태양 소인 우표를 달고, 둥근 기둥이 늘어선 허물어진 벽이 배달되었다 무성한 양치식물의 에덴이었던, 새들 월동하는 늪이었던, 슬픔을 방목하는 초원이었던 폐허를 개봉한다 물이 마른 강 하나 동봉하니 요긴하게 잘 쓰세요 봉투 안에서 모래폭풍이 몰려나온다 도도새가 본문보다 추신이 긴 답장을 쓴다 어디라 할 것 없이 사막이 급속하게 진행되는 이 행성에서 유일한 위안이다

다락방

 만화책을 읽다가, 쪽창으로 비스듬히 들어온 빛의 기둥 속으로 손을 넣어, 그 후에도 오랫동안 빛이라고 믿은, 보일 듯 말 듯한 작은 그림자를 흔드는 묵은 먼지 알갱이들을 만지다가, 쪼그리고 앉아 깜빡 잠들었던가, 아침인가 하고 서둘러 깨어났는데 아무도 없던, 해는 졌는데 아무도 찾지 않던, 이제는 없어진, 그 오래된 다락방에 다시 올라가 무릎을 두 팔로 안고 둥글게 웅크리고 앉아 내려오는 눈까풀 밀어 올리며 저녁이 오는 소리를 기다린다 작은언니의 일기장이 훌쩍거리며 돌아오고, 먼 강에서 수돗물이 서둘러 쿨럭거리며 달려오고, 아궁이의 불들이 활활 돌아오고, 저벅저벅 세상의 길 끝까지 갔던 발자국 소리들 돌아오고, 숟가락 젓가락 소리들 부산하게 돌아와 북적거리면, 오랫동안 빛이라고 믿었던 것들, 그 빛 속에서 여러 각도로 반사되고 굴절된 것들 어둠 속으로 천천히 지워진다 더불어 살던 그림자도 떠난 자리, 낮은 지붕의 뻐근한 어깨를 두드리는 착한 저녁의 빗소리, 눈부시다

자유분방

찬란을 어떤 방심한 거래에서 등가 교환한 것일까
사람을 만나면 가슴보다 등이 먼저 보인다

어느 쪽으로 부등호가 열렸기에
혁명은 이렇게 어깨가 좁아지고 고요해졌을까
후광이 사라진 견갑골은 예외 없이 헐벗은 표정이다

깨지기 쉬운 맹세들 붐비는 거리에서
큰바람 불면 반등하겠다는 날개의 약속을 믿었을까
자유를 담보물로 맡기고 빌려온 돌의 날개뼈는
무엇을 찾아 날아갔을까

희망의 발등은 수시로 부어오르고
유통기한 지난 노래는 무덤 속에서 목이 쉬는데
혁혁한 화염의 매운 맹세는 일찌감치
시간이 등 돌린 방관에 익숙해져도 되는 것일까

도막 난 자유의 등뼈를 저당 잡히고

예각의 사랑을 등 떠밀어 돌려보내고
부패와 발효의 갈림길에서 길 잃은 나의 혁명은 어쩌다
변명과 허명 가득한 변방이 되었을까

침대 밑 뭉친 먼지처럼 밀려다니다
한숨의 심장을 당연한 듯 쓰다듬는 불안의 보드라운 손이
한 무더기 휜 뼈에 멈춘다

얼음거울에 검게 비춰 보이는 분방을
장례도 없이 묻었으니, 산산조각
자유의 사각 빗장뼈는 어느 시장이 맞추게 될까

모나미 볼펜 153

군더더기 장식을 모두 걷어내고
질주에 생을 건다 소박하고
유일한 임무는 오점 없는 완주,
말의 도구로 태어나 말을 위해
모세혈관 끝을 다독거리며
혈관이 투명하게 텅 빌 때까지
흐르고 부서져 내리는 말을 따라
부드럽고 둥글게 굴러간다
동그라미로 북돋운 청춘의 희망
대각선으로 죽죽 그은 절망
허무와 권태를 견디는 낙서들
슬프고 아름답고 찬란한 기록에
한 방울 남김없이 영혼을 바친다
낮고 헐하지만 단정한 운명으로
허세와 과시에 물들지 않고
한 마디 생각 놓치지 않기 위해
생의 고독이 다하는 순간까지
꼿꼿하고 반듯하게 쓰고 또 쓴다

범일동 자수점

구멍 하나 꽃 하나, 구멍 둘 꽃 둘,
꽃 셋, 꽃 넷, 꽃 다섯, 꽃 여섯, 꽃 일곱

락스 몇 방울 튀어 탈색되고 구멍 난 흠집에
기계자수 몇 땀으로 꽃이 핀다

구멍이 없었으면 피지 못할 삭은 꽃들
덕분에 블라우스가 꽃밭으로 변한다
죽은 옷이 되살아난다

구멍과 흠집이 꽃이 되는 줄 미처 모르고
작은 구멍을 구실로 사랑을 떠나보내고
작은 흠집을 흠잡아 관계를 잘랐을까

꽃무늬가 될 사람 작은 핑계로 밀어내고
돌아보니, 천지간 외로운 겨울이다

네잎클로버

행운은 낮은 식물성, 한자리에 머물며 얇고 푸르다

두 쌍의 날개를 보호색 속에 내리고 고요히 은둔하지만 곧 들키고 만다

행운을 구하며 분주하게 세계를 탐색하는 눈썰미가 기꺼이 그 앞에 무릎 꿇지만

뿌리로부터 잘려나간 행운은 누구를 위한 쓸쓸한 행운일까

열어보기를 멈춘 책갈피에서, 문득 떨어져 내리며 바스러지는 돌연변이,

어둠 속 납작하게 마른 미라가 되거나, 코팅 필름 속 박제가 되거나,

이런 누추한 불멸을 상상이나 했을까

제2부

우주인 공성인*

불시착한 초록별에서 잘 지내고 있니? 때가 되면 데리러 올게. 이름을 묻는 지구인에게 하늘 공에, 별 성, 사람 인, 이라고 대답하던 그 우주인, 밤하늘을 열고 나와 나선은하의 벼랑에 서서 젖은 손을 닦는 나를 불러 세운다. 연착할 뿐이야, 언젠가는 데리러 올 거야. 기다리라는 그 말 진심으로 믿었을까 장미 성운을 꿈꾸던 어린 별이 삶의 블랙홀 속으로 가뭇없이 빨려 들어가고 난 후에도 오랫동안 낯선 이 행성에서, 오지 않는 우주선을 기다린다.

---

*《학생과학》에 연재된 SF 주인공.

새

푸른 쪽으로 마음이 휠 때마다 창문턱에
흰 깃털 하나 내려놓아요
새가 내 마음 물어가라고

검은 쪽으로 마음이 휠 때마다 창문턱에
흰 깃털 하나 내려놓아요
새가 내 마음 물어가라고

마음은 흑백논리를 몰라
마음이 의논도 없이 제멋대로 휘어
가슴팍 깃털을 뽑아요

더 뽑을 것 없는 흰 깃털이 잊히고,
흰 날개가 사라지고,
마음에서 흰 새가 다 지워지고도,

습관처럼 아침마다 창문턱에
무언가 하나씩 내려놓아요

어제는 눈을 내려놓고, 내일은 입을 내려놓고,

오늘은 새끼손가락을 내려놓아요
오래 무겁게 들고 있기라도 한 듯
새끼손가락 걸고 한 흰 약속을 내려놓아요
잠이 덜 깬 창문을 크게 열었다 닫아요

흰 눈이 반짝이며 쌓일 때
아침 햇살 활주로 위로 이륙해서
함께 날아가자고 한 흰 나라는 이제 없어요

선잠 든 나를 들여다보는 흰 새,
측은한 눈으로 내 눈까풀을 들여다보는 흰 새,
잠들면 아직 새인 나를 용서하기로 해요

송다

강의 지류라는 이름을 가진 여자
쌀국수 같은 아오자이 여자
중매로 선 본 이국 남자와 서둘러
사흘 만에 결혼한 여자
둥근 눈 안에 열대우림을 가진 여자
이마에 달빛이 불법체류 하는 여자
겁먹은 생의 변두리에서
웃음을 전염시키는 여자
등에서 안아도 가슴이 범람하는 여자
강물로 깊어지는 물의 여자
태풍을 부르는 푸른 입술 여자
마침내 바다가 되는 머나먼 여자

웰위치아

먼 바다에서 증발한 안개를
온몸으로 빨아들인다
메말라서, 멀리 있어서,
한 마디 핑계 없이 꽃 핀다
사막을 꽃으로 덮는 것은
그립다는 엄살과
보고 싶다는 투정이 아니다
아직 태어나지 않은
꽃들의 목마른 영혼이
혼신의 힘을 다해 빨아들이는
사랑의 흡·인·력
마른 모래에 꽃을 피운다
나미브 사막, 장엄한 꽃밭이다

두실역 일 번 출입구

퇴근길, 지하도 계단을 올라서면
맥도날드 불빛을 등지고 일 톤 트럭 한 대
가파른 작은 불빛을 밝히고 있다
그 불빛 아래 손짓으로만 말하는 두 사람
이마에 맺힌 근심을 닦으며 말을 굽는다
말과 말 사이, 사이 숨을 고르는 손으로
묽게 풀린 소리의 반죽을 틀에 붓고
그 위에 잘 발효된 침묵을 한 줌 얹으면
설익은 말들 숨을 죽이고 돌아눕는다
반죽 묻은 손으로 간을 맞추고
삐걱거리는 관절의 안부를 묻는 동안
젖은 말들 불의 온기를 들이마시고
완숙의 음절로 한껏 부풀어 올라
두꺼워지는 어둠을 몇 걸음 뒤로 밀어낸다
종이봉지 안에서는 단골이라고
한 마디 더 얹어준 따뜻한 덤의 말
속에 든 말없음표까지 골고루 뜸이 들고,
보드랍게 말랑거리는 말을 받아든 나는

목에 걸린 고등어 가시 같은 누추한 설움에
목멘 일상을 천천히 목으로 넘기며
무성한 차가운 말들이 파놓은
캄캄한 미로 속 숨은 함정들 용서한다
오늘도 두실역 일 번 출입구 농아 부부
소리 없이 따뜻한 느낌표를 굽는다

불 속의 편지

  불을 기른다, 처분을 기다리는 순하디순한 불은 날름거리는 혓바닥 밑에 날카로운 손톱을 숨기고 있다 불에게 먹이를 준다, 불은 탐욕스럽게 입을 벌리지만, 허기를 때울 만큼씩 나누어 준다 급히 삼키던 쓰린 사연이 목에 걸리는지 불이 매운 연기를 내뱉는다 날카로운 말로 가슴의 살점이 저며지고 닫아둔 봉투 밖으로 핏물이 배어나온다 빙산 아래 뿌리를 묻은 차가운 말들, 하반신이 얼어가며 얼음 바다에 떠다니는 말들, 바람이 불이 먹고 남은 찌꺼기를 훅 분다 머리 위에 하얗게 올라앉아 나를 내려다보는, 한없이 가벼워진 불의 쓸쓸한 내부, 야금야금 씹거나 후루룩 삼켜도 좋을 만큼 미지근하게 결이 삭은 방심을 불 속에 던져준다

꽃밭에서

꽃물 들이는 날은 뱀이 나타났다
으깬 꽃을 손톱 위에 얹어놓고
이불 꿰매는 굵은 면실로 동여매면
굵은 뱀이 내 꿈을 친친 감았다
첫눈 오는 날까지 꽃물 남아 있으면
첫사랑 이루어진다고, 손톱에
피처럼 스며든 꽃잎의 영혼을 바라보며
기다리던 첫사랑이 지나갔을까
뽑아내기 전에는 지울 수 없는 독으로
누구의 마음에 스며든 적 있을까
손톱이 자라나고 뒤돌아보는
꽃물 들어 있던 자리, 소녀에게서
다시 소녀가 태어나는 꿈의 꽃밭에서
무늬만 독을 뿜는 그림의 뱀처럼
핏빛 손톱 바짝 쳐든 손가락으로
저녁 해의 까칠한 발뒤꿈치를 만진다

목련

수상하다
이렇게 축축한 나무는 처음이다

구석구석 물길이 뻗어 있는 입구를
환하게 열어두고
사이렌 소리를 울린다
수천의 하얀 손짓 집요하게 밀어 올린다

홀린 것들은 모두 꽃의 문턱을 넘어서
나무 안으로 걸어 들어간다

삼베옷처럼 꽃잎이 깔린 늪 바닥으로
침전되는 봄, 서둘러 사람들이 걸어 들어간
입구를 감쪽같이 지운다

저 나무에서
아무 혐의점도 찾아내지 못할 것이다

해마다 떠난 사람의 수만큼
꽃송이가
늘어나는 것을 제외하면

문희, 꿈을 사다

봉투 한 묶음과 빳빳하게 코팅된 종이 한 장
비몽사몽, 앉아 졸고 있는 손으로 건너간다
편지지에 비뚤비뚤 격렬하게 눌러쓴 손편지
삶의 전투에서 쏟아져 나온 파편들 수북하다
천 원 두 장을 지갑에서 꺼내 옮긴 손이
꿈결에 바늘을 꺼내든다 한 묶음 건네받은
편지지 모서리에 저고리 고름을 꿰맨다
예나 지금이나 나날의 생의 전투는 한껏
치열한지, 말발굽 소리, 사이렌 소리, 기차
굉음이 삼겹살과 마늘, 막걸리 냄새에 섞인다
예각으로 낭자하게 흩어지는 갑옷 파편들
가장 날카로운 빛의 조각 몇 개를 주워
천 년 전 손님이 나온 봉투에 조심조심 담는다
낯선 손님은 어느 시간의 역으로 환승했는지
고삐 잡은 말발굽 소리 잦아드는 지하철
서면역, 비단치마 한 벌만큼 불빛 환하다

낙타편의점

낙타가 등의 혹을 내려놓았다
이렇게 가벼워 본 적이 얼마 만인가

납작한 등을 죽 펴고

내일이면 다시 등에 얹어야 하는
저마다의 혹을 담보로 제 갈증을 꺼내
홀짝거리는 간이탁자

허공의 사막을 나무젓가락으로 휘휘 저어
불어 터진 희망 한 가닥씩 건져 올리며
제 사연 권하는 낙타들

팍팍한 가슴팍으로
거나해진 붉은 저녁이 쏟아진다

전갈 걸음으로 기어든 밤이 골목을 삼킨다

여우장갑

 솜털이 보송보송한 앞발이 쏘옥 들어가는 작은 주머니 같은 장갑입니다. 여우가 앙증맞고 깜찍한 앞발을 밀어 넣습니다. 눈 덮인 겨울 산을 향해 귀를 세웁니다. 눈 위에 콩콩 발자국을 찍으며 작고 예쁜 여우가 뛰어갑니다.

 이제 발 대신 손이라고 불러야 하는 앞발을 엉거주춤 들고 여우는 직립을 시작할지 모릅니다.

 장갑 한 켤레 때문에 여우가 직립을 시작한다면 사람들은 더 이상 중학교 일 학년 교과서에 직립이 인간을 다른 짐승과 구별하는 요소라고 쓰지 않을 것입니다. 앞발을 사용하게 된 여우들의 문명이 시작될 것입니다. 여우들은 문명의 발상 원인을 한 마디로 장갑 때문이라고 밝힐 것입니다. 최초로 장갑을 낀 여우를 기억할 것이고 그의 영생을 위한 피라미드를 세울 것입니다.

 아니, 여우들만 올라갈 수 있는 비밀스런 곳에 여우장갑 한 켤레를 숨겨두고 사람들의 것이라면 고개를 절레절레 흔들지도 모릅니다.

 보드라운 흙이 맨살에 닿는 날것의 느낌, 차가운 눈이 발에 닿아 온몸의 세포들이 찌르르 살아나는 느낌을 모르고, 사람들은 쓸모없는 물건들로 앞발을 무디게 욱죄는 참 이상한 취미를 가졌다고 깔깔거리며 웃을지도 모릅니다.

 이런 내 마음을 아는지 모르는지 여우장갑은 현명한 암여우처럼 제 몸을 좀체 드러내지 않습니다. 아직도 덫에 걸리지 않고 잘도 피해 다니고 있습니다.

 여우장갑을 보호하고 계시거나, 보관하고 계신 분은 부디 연락바랍니다.

강물재판

아프리카 어떤 부족은
살인사건이 있고 일 년이 지나면
범인을 강물에 들어가게 한다

슬픔의 시간을 보낸
피해자 가족은
그를 물속에서 나오지 못하게 깊이 밀어 넣을 수도 있고
그를 용서하고 물 밖으로 나오게 할 수도 있다
그를 죽게 내버려두면 평생을 슬픔 속에 살게 되고
그를 용서하면 행복이 온다

낮꿈에도 가위눌려
허우적거리며 숨을 몰아쉬는 나는
누구를 용서하지 않은 것일까
누구에게 용서를 구해야 하는 것일까

사소한 일상의 재판으로
얼마나 자주 스스로를 가두는 판결을 내렸던가

혹등고래의 외줄타기

 바다에 갈 때마다 수평선 위에 올라선다 해일이 덮치고 삼각파도가 너울거린다 이력이 쌓이면 사뿐사뿐 저 물 위를 걸을 수 있을까 적막만 딛으며 끝까지 갈 수 있을까 한 방향으로 꿰뚫어, 단숨에 반대편 끝에 닿는 순간도 있을까 줄에서 내린 자리에서 다시 출발한다 몸 밖으로 휘청거리는 슬픔을 몰아쉰다 물 위에서 보낸 한나절이 출렁거리는 한평생 같기도 하고, 불안으로 팽팽한 찰나 같기도 하다

백 년 동안의 고독

 머리맡에 자리끼로 떠놓은 달빛이 얼어붙는 밤, 외할머니는 청어 비늘에 파랗게 내려앉은 달빛을 하나씩 떼고 있었다.

 동쪽 하늘에 올라온 달이 서쪽으로 일곱 그루 소나무를 지나도록, 했던 이야기 또 하고, 했던 이야기 또 하고, 눈꼬리가 짓무른 외할머니의 그렁그렁한 눈에 똬리를 튼 달빛은 졸린 기색이 없었다. 달빛에 만 메밀묵 한 사발을 먹어도 잠이 오지 않아, 요강을 찾아 마루로 나가면, 달빛이 자박자박 밟고 다닌 황토 마당, 사랑채 지붕이 길게 그림자를 드리우고 있었다.

 청명에 떡 한 말 옹기 시루에 쪄 올리면 칼로 자른 듯 딱 절반을 베어 드시고, 살구꽃 봉오리 터뜨리는 길일을 받아 한 필 광목 깔아주면 그것을 밟고 천-천-히 외출하셨다가 해 질 무렵 온몸에 노을을 붉게 감고 돌아오셨다, 는 지킴이 구렁이가 백 년 동안 살던 대들보를 떠난 뒤,

 뒷마당 살구나무에 꽃보다 달빛이 더 많이 피던 외할머니 집.

우물에 내린 두레박을 끌어올리면 물보다 달빛이 더 많았다. 낮에도 하얀 달빛을 머리에 이고 마루 끝에 서서 먼 길을 내다보던 외할머니는 그 많은 달빛을 어떻게 다 견뎠을까.

훌라후프

  달무리의 외곽이 어둠을 도려낸다 허리를 감고 돌아가면 척추뼈의 캄캄한 무게가, 목뼈를 따라 돌아가면 헐떡거리며 내뱉은 날숨이 축이 된다 허공을 축으로 한없이 돌고 있는 그는 오래전에 누구의 완강한 축이었을까 꽉 찬 적막의 검푸른 가슴 둥글게 파낸다

제3부

수건돌리기

달이 달리고 있다 달이 술래다

단 한 번 방심한 등을 내놓은 후
등 뒤에 놓인 수건을 집어 들고
엉겁결에 달리기 시작했으나

둥글게 둘러앉은 누구의 등 뒤에도
수건을 몰래 내려놓을 수 없어
무한궤도를 돌고 있다

달의 얼굴에 창백한 고요가 일렁인다
달 대신 밤의 술래가 되어줄 수 있을까

달 대신 달이 되고 싶지 않아
누구도 섣불리
달에게 이면을 내주지 않는다

달에게 등을 내주고 싶은 밤이다

코피

한 열흘 걸어 잠그고 코피 터지게
섹스나 했으면 하던 청춘, 없다
시공을 초월한 만남으로 밤새운 새벽
하얀 눈 위에 동백꽃 피운 적, 없다
열정의 주먹을 주고받다가 큰 大 자로
사각의 링 가운데 누워본 적, 없다
비곗덩이 강둑을 뚫고 흘러나오는
붉은 강, 질문을 그치지 않는다
싸우기도 전에 백기를 들어버린 몸이
바닥으로 스며든다, 아득할 수밖에

넥타이

태어난 이후 단 한 번도 그는
생의 중심에 묶인 넥타이 푼 적 없다
벼랑 끝에 매달려 흔들리다가,
때로는 느슨하게 때로는 팽팽하게
목을 조이는 목줄 끝, 날개와 맞바꾼
계약의 화살표, 참을 수 없이
팽창된 날카로운 한순간이 뜨거운
절망을 쏟아내고 곤두박질치면
순한 짐승처럼 늘어지는 블랙유머,
중심을 가장 가파른 벼랑에 묶어두고
높이 더 높이 날아오르려는 순간
추의 무게에 발목 잡혀 절벽 아래로
수직 강하하는 그는 올가미처럼
조여드는 당당하고 자랑스런 기호,
슬몃 풀고 싶었던 적 없었을까
누구의 매듭을 풀고 나온 넥타이일까
물뱀 한 마리, 수면 위를 미끄러진다

반환점

어떤 바다거북은
삼십오 년 동안 헤엄쳐 가서 다시
삼십오 년 동안 헤엄쳐 돌아와
생을 끝낸다

떠났다가 돌아오는 단 한 번의 왕복
그것이 일생일 수 있다면
가던 방향을 미련 없이 버리고 돌아서야 하는
반환점은
대양의 어디쯤일까

나날이 얇아져 가는 지느러미를
추스를 겨를도 없이
어디가 반환점인지, 금지된 수역인지
물빛을 살피지 못하고
파도에 떠밀려 허우적거리다
문득 정신을 차리면
여기가 어디일까,

붉은 해일에 숨이 막힌다

한번 큰 물결을 타면 멀리,
아주 멀리 가고 싶어질까 봐 아주,
돌아오고 싶지 않을까 봐
앞을 막아서는 노을을 물리치며

허겁지겁 서둘러 아침에 떠났던 집으로
백 번도 넘게 돌아오는 저녁

달빛거미

거미가 반짝이는 달빛을 숲으로 끌고 온다
방금 간 칼날처럼 예리한 달빛, 하얗게
지나가는 길목, 나뭇잎들 가장자리가
베어나간다 조심조심 거미가 달빛을 엮는다
보일 듯 말 듯, 불면 날아갈 듯 가볍게,
살아 움직이는 것들 퍼덕이며 날아와, 기꺼이
걸리지 않고는 못 배기게, 한 번 걸리면
빠져나가지 못하게, 금속성을 내며 팽팽하게
퍼진 달빛, 거미가 슬픔 몇 개 위장으로
매단다 바람 앞에 거는 순간, 기다렸다는 듯
출렁 밤이 통째로 걸린다 천천히 조여드는
달빛, 움직일수록 깊이 어둠의 살 속으로
파고든다 거미가 반짝이는 달빛에 이빨을 박고
숨어 있는 밤의 수액을 빨아올린다 정교하고
처절한 어둠으로 출렁거리는 거미는 얼마나
위험한가 제 살을 크게 한 점 저며낸
열아흐레 달, 산허리 딛는 걸음이 휘청거린다

비학리의 배후

 비학리에서는 개가 차를 두려워하지 않는다 나 몰라라 길 가운데 땅바닥에 배를 척하니 붙이고 번듯이 누워 있다 어찌되나 담을 넘어온 노란 매화가 안 보는 척하며 침을 한번 꿀딱 삼키고는 슬쩍 곁눈으로 골목길을 지켜본다 하마나 비키나 그 앞에서 차를 세우고 한참을 기다리던 사람들 드디어 포기하고 차를 슬슬 옆으로 몰아 골목을 빠져나간다 그 배짱이 대단하다는 듯, 담에 거의 부딪칠락 밀착 비껴가면서도 화를 내기는커녕 오히려 빙긋 웃고 지나간다 손바닥 크기를 겨우 벗어난 하룻강아지도 당당하고 뻔뻔하기는 다를 바 없다 조그만 몸으로 길 가운데 버티고 서서 여유만만하게 바다를 바라본다

삼족오(三足烏)

부리가 문드러질 때까지
에워싼 어둠을 쪼았을까
헐거워진 시간의 틈을 뚫고 옛 무덤에서
날아오르는 새

불의 심장에 제 삼의 발자국
낙인처럼 눌러 박는다

타오르는 불 속에서
태양의 흑점을 찢고 태어나
금지된 빛을 선택한 죄로
어둠의 벽화 속에 유폐되었다

첫 번째 관문에서
영원의 고통을 선고받고 발 하나가 잘린 채
추방이다

북, 소리 파편들

검은 깃털 속으로 들어가 고요해지면,
끊어진 삼베 허리띠 동여매고
유배지의 하늘을 떠돈다
잃어버린 발을 찾아
소리 나지 않는 북을 친다

까마귀 떼처럼 시린 발목 눈 벌판에 비껴두고
세 번째 발은
어느 얼음 같은 칼날 위를 걷고 있을까

수국꽃 피거든

꽃 한 송이가 마음 하나라면
저 많은 작은 꽃들이 모여 한 개의 알처럼 두근거리자면
몇 개의 마음을 주먹밥처럼 뭉쳐야 하는지

환하고 둥그런 저 설렘이
모서리를 자르며 입은 상처들을 꾹꾹 뭉쳐 놓은 것이란 말인지

하나의 마음도 주체하지 못해서
들었다 놓았다, 풀었다 맺었다 하루에 열두 번도 더
변덕을 부리다가, 꽃의 몸을 빌려 빵 반죽처럼 부풀어도 되는지

벽조목 도장

울컥, 붉고 뜨거운 것이
젖은 목숨을 건너간다
눈썹이 새파란 대추나무
가시손을 뾰족 내밀어
우레의 심장을 낚아챈다
죽음보다 질긴 약속
음각으로 뿌리내린다
벼락을 품은 이름 하나
하늘에 또렷이 찍힌다

타래난초

1.
몇 바퀴를 감고 올라가야 완성될까
뿌리가 흙 속에 그린
정교한 설계도대로
일정한 간격 일정한 자리에
단단한 허공을 파고 돌아간다
나선형으로 앙증맞고 촘촘하게
하늘을 밀어 올리며
외따로이 날렵하게
콕콕 제자리에 박히는 꽃들
가느다란 외기둥 탑신
층층이 방 하나씩 앉히며
초록의 기단 위에 분홍 탑 올라간다

2.
고개 숙이고 무릎 굽혀야 그 모습 보인다
낮게 더 낮게 피어 있는 깨알 같은 꽃송이
숙이고 굽혀야 다가오는 작고 아름다운 기적을

빳빳하게 고개 쳐들고 얼마나 놓친 걸까

3.
아래에서 위로 차례차례
한 송이씩
순서대로 꽃 핀다
아래에서 위로 차례차례
한 송이씩
순서대로 꽃 진다
작은 꽃들이 순서대로
피고 지는 힘으로
질기고 탄탄해지는 꽃의
나선형 척추
연약한 사람 꽃도
늦게 핀 꽃이 먼저
지지 않기를
온 순서대로 갈 수 있기를

보름달,

 누가 저 늪을 하늘에 파놓았을까 어떤 바람이 속을 들여다보려고 애쓰다가 헛되이 변죽만 울리고 지나가는지, 쉼 없이 흔들리는 금빛 윤슬, 가볍게 소금쟁이처럼 물을 건너지 못하고 물가에서 신발을 벗었다 신었다 하는 동안 얼마나 많은 물길이 저 고요 속으로 흘러들었다 헛되이 흘러나갔을까 작은 빗방울에도 중심을 내어주는 과녁, 눈빛 닿은 곳부터 파문으로 번져 달무리에 닿는다 저만큼 고요해지기까지 물 아래 가라앉힌 것이 검은 꽃뿐일까 밤하늘 가장자리 신발 벗어두고 물속으로 걸어 들어가던 젖은 맨발, 켜켜이 바닥에 쌓이는 침묵의 배후, 검은 치맛자락 뒤로 잡아당겨 주저앉히던 몇 번인지 모를 안간힘, 숨을 고른다 마음이 바닥에 하염없이 닿는 동안 흰 연꽃 한 송이 어둠의 수면을 활짝 열고 올라온다 물속에 갇힌 사람 하나 기약 없는 달무리를 풀고 나온다

풀등

 살아 꿈틀대며 솟구쳐 오른다. 섬으로 여물지 않은 모래톱, 갑자기 줄어들어 아예 사라져 버린다. 사라지는가 하면 강의 꼬리뼈 옆을 비집고 갈대 싹처럼 머리를 내민다. 강물을 질끈 물고 다른 모래톱을 잇기도 하면서, 물살에 휘어진 허리에 침식된 시간이 고스란히 드러난 백합등, 도요새보다 쇠갈매기가 더 많이 날아오고 섬으로는 이름 없어 무명도라 불리는 도요등, 섬에서 잘려 나온 상처가 덜 아문 독수리처럼 쓸쓸한 맹금머리등. 시간의 강물 속으로 흘러간 줄 알았던 작은 추억들, 어느 날 불쑥 등으로 자라나, 반짝이는 모래를 하구의 가슴 가득 밀어 올리며 썰물의 바다를 향해 돌아눕는다. 발원지에서 하구의 바다까지 업고 온 강물을 비로소 내려놓은 빈 등, 먼 길 가는 새들, 선불리 마음을 내려놓았다가 쉬이 못 떠나고 발이 묶인다.

접선

공중에서 모스 부호가 만난다
깜빡, 깜빡,

마주 보는 아파트 불 꺼진 베란다
담뱃불, 빛을 전송하는 두 남자
오늘도 별일 없었느냐고
말 없는 안부가 공중을 오고 가지만
주차장에서 날마다 스쳐도
누구인지 서로를 알지 못한다

삶의 숨겨진 비밀을 찾아
선으로 연결되어 그물코처럼 당겨지는
조직에 한 점으로 심겨진 스파이들

깊은 밤 같은 시간 깨어 있는 담배 하나로
잠든 가족에게 보여주지 못한 어둠
구름으로 날려 보낸다

필터로 다 걸러내지 못한 한 개비의
남자라는 기호,
외로움의 코드로 해독되지 않는 난수표

그리피스 조이너의 손톱

 군살 한 점 붙지 않은 허벅지, 색색으로 다르게 매니큐어 한 긴 손톱이 트랙을 달린다. 탄탄한 검은 근육질의 금메달리스트, 아름다운 손톱을 펼쳐 결승전을 통과한 그가 생의 질주를 멈출 때, 의사는 진단서에 심장마비라고 적는다. 모든 죽음은 심장마비, 그의 진단서는 달라야 한다. 사람에게 저마다 달릴 거리가 정해져 있다면, 그는 평생 달릴 거리를 모두 달려버린 사람, 더 이상 달려가야 할 거리가 남지 않은 올림픽 단거리 주자, 그의 진단서 사인을 다시 쓴다, 완주. 허공에 이름을 각인한 아름답고 긴 손톱의 비망록이다.

아침 명상

바다를 막 건너온 신이 하얀 발을 갯벌 위에 내린다. 셀 수 없이 많은 손을 펴서 만 마리 달랑게의 등과 다리를 덮는다. 탈피를 꿈꾸는 두꺼운 갑각 아래로 신의 손길이 스며든다. 걸을 때마다 부딪치는 뼈로 갈아입고, 뼈의 문을 여는 열쇠를 버린다. 소리 없이 소란한 갯벌이 옆걸음의 이력을 닫는다. 바다가 결가부좌를 푼다.

맞수

머리채를 잡은 목소리가 바닥까지 가보자고 한다
아주 바닥을 보여주는구나, 바락바락
멱살을 잡은 목소리가 바닥을 보자고 한다
기어이 바닥을 보여주겠다 한다
막판까지 왔으니 바닥의 바닥까지 보자고 한다
같은 바닥을 오래 굴러 모를 것 숨길 것 없는 처지에
심심할 만하면 누가 먼저랄 것 없이
자신을 바닥까지 끌어내려 핏대를 올린다
진흙탕도 비탈길도 함께 걸어온 사이에
무슨 서러운 사연 깊숙이 숨겨두었기에
걸핏하면 바닥을 까뒤집어 보여주겠다는 것인지
그럴 수밖에 없는 이유가 있겠지
서로에게 밖에는 보여줄 수 없는 바닥이 있어
마지막 남은 밑천이 바닥뿐이어서
마지막 남은 바닥을 주기적으로 보여주면서라도
견뎌야 할 그럴 만한 사정이 있겠지
이 바닥이나 저 바닥이나 그 바닥을 보여주지 못해
가슴이 터지도록 답답한 사람도 있겠지

제4부

불혹

투정하고 보채는 세상 남자들이
내 젖 먹고 자란 아들 같다
꽃구름 들떠 바라본 사월 들판
잠시 가슴에 넣고 다녔던가
내 안에는 내가 알고 있는 것보다
더 까다로운 입덧이 들어 있어
낯익은가 하면 낯선 눈썹가
변덕스런 서풍이 이마를 스쳐 간다
삼나무 숲에 걸린 달을 따는
수많은 상상임신 끝에 마침내
아들 무리를 거느린 족장이다
누덕누덕 기운 나를 엄마라 불러다오
강 하나 건널 때마다 더 무거워지는
물 먹은 목화솜, 모란꽃무늬 이불
걷어내며, 긴 헛구역질을 끝낸다

그림자 월장

우두커니 울타리 밖에 서 있다
아무것도 훔칠 생각이 없는데 개가 짖는다

굳이 갖고 싶은 간절함이 있을까
그림자가 울타리를 넘는다

담 넘어 햇살이 넘실거리는 마당, 하얀
페인트칠을 한 널빤지 쪽 행간이 서늘해진다

기다렸다는 듯 개가
그림자의 귀를 물어 당긴다
들킬세라 납작 엎드린 내가 길게
주욱 늘어난다

솜털이 보송보송한 복숭아 같은 볼
아장아장 걸어 나오는 작은 그림자, 앞에
개가 그림자를 전리품으로 내려놓는다
몸에 이빨 자국이 난다

입을 막으려고
개에게 던져준 뼈다귀, 십일 월 간다

평생 물고 늘어진 것이 그림자인가

과수원이 있던 자리

꽃그늘을 넘나들며 잉잉대던 벌들 오지 않는다
달빛 그윽하게 깊어지던 과수원, 달빛 고이지 않는다
누수가 진행된 틈으로 달의 수위가 낮아진다
텅 빈 분화구 붉은 흙먼지가 자욱하게 눈을 찌른다
물 밖에 나온 물고기처럼 바닥이 배를 뒤집어 보인다
몸에도 자세히 보면 달빛 새어나간 틈이 무수히 많다
철모르는 사과꽃들 피어나던 마음 한 채 들어낸다

하현

누군가 손에 숟가락을 쥐여준다
먹어야 울 수 있다고 자꾸 밥을 권한다
무시로 찾아오는 사람들
밥상머리로 불러들이던 어머니,
평생 마음 끓이고 태우던 가마솥,
뚜껑 덮고, 사흘이면 마침내
이승의 부엌 훌쩍 건너가는데
사흘 밤낮도 못다 울어 지친 나는
현비유인일선김씨신위
어머니가 차린 마지막 밥상에 앉아
하염없이 울음을 퍼 올린다
아득히 먼 서쪽 하늘 하얗게 떠오르는
자루 부러진 닳은 놋숟가락 하나

귀뚜라미 환상통

소매가 텅 빈 팔이 못 견디게 가렵다며
없는 팔을 긁어달라고
한 번만이라도 벅벅 시원하게 긁게 해달라고

교통사고로 입원한 남자가
어깨를 들썩거리며 엄마를 부르는 소리
얼룩진 녹물처럼 눅눅하게
벽을 타고 번진다

잠 깬 것들은 모두 제 눈물샘에 엎드려
저마다의 참을 수 없는 가려움을 긁는다

오랜 병원살이에 익숙해져서
어지간한 상처에는 눈썹 한 올 까딱하지 않던
대기실 나무 의자가
오래전에 지워진 꽃 자국을 긁어댄다

구석구석 어둠 속에서

아귀가 맞지 않는 슬픔이 삐걱거리며

허공을 긁어댄다

감동란

부리가 다급하게 쪼아댄 고요 아래
반투명의 수의가 감싸고 있는
매끄러운 하얀 몸이 드러난다
정수리에 꼿꼿이 붉게 직립한
자랑스런 관(冠)은 어디에 있는가
어둠을 가르고 아침을 불러오던
영웅과 족장의 힘찬 기상나팔,
청동의 하늘을 퍼덕이며 날아오른
순금의 날개는 또 어디에 있는가
삶은 달걀, 목이 메는 은유,
옹관(甕棺) 파편을 수습한다
도굴꾼의 변명 같은 일상의 애도에
난생설화의 왕이 돌아눕는다

애국가

리모컨과 브라운관이 마르고 닳도록
텔레비전이 태극기를 흔든다
시청자 여러분 이제 밤이 늦었으니
후렴을 베고 잠자리에 드십시오
무궁화 삼천리 화려강산, 대한 사람
꿈길이 아득하시면 밤새도록
텔레비전을 켜두셔도 좋습니다
오늘도 일용할 볼거리를 주시옵고
다만 시험에 들게 하시었으니
외로움이 보우하사 텔레비전 만세
잠 잃은 밤 열두 시의 애국가에서
익숙한 담배 냄새가 흘러나온다
빈집 흙담처럼 황톳빛이다, 아버지

파킨슨 신전(神殿)

깜빡, 한 번이면 '예' 깜빡깜빡, 두 번이면 '아니오'
손 없는 말 날, 노부부가 장을 담근다
0과 1의 디지털 대화가 오고 간다

눈꺼풀을 움직이는 것 말고는 근육이 말을 듣지 않지만,
맑은 눈빛과 총기는 그대로인 아내
말이 필요 없는 거룩한 경지에 도달하려 한다

눈꺼풀을 열면 구름이 와서 머물고
눈꺼풀을 닫으면 저쪽 세상이 천천히 흘러간다

물을 몇 말 부을지 소금은 얼마나 넣을지
평생 살림이라고는 모르던 남편, 제사장처럼 끈기 있게
수은처럼 무거운 '예'와 '아니오'를
아내의 눈에서 받아 내린다
매운 노을에 숯과 붉은 고추 둥둥 띄운다

분봉한 꿀벌 같은 아들딸들 찾아와

마지막 신탁을 받아가고

천일염 같은 별빛이 한 됫박 쏟아지는 얇은 너와 지붕,

신전 문이 닫힌다

황태해장국

  물소리 기웃거리는 산골 마을에 부엌 딸린 방 하나 얻을까 종일토록 눈은 내리고 휘몰이 자진모리 장단 맞춰 얼음징 아래 흐르는 물소리에 어둠이 하얗게 뼈를 씻고 난 아침 흰 눈 위에 까치 소리 흩어지며, 갑작스런 폭설에 길이 막힌 먼 마을 손님이 예고 없이 찾아들면, 오래 못 본 오빠인 듯 아랫목 자리 내주고 황태해장국 뜨겁게 끓여낼까 가마솥 옆 조청처럼 마음이 진득하게 녹으면 소설책 한 권으로는 모자랄 살아온 이야기 큰누나처럼 고모처럼 이모처럼 들어줄까 그래, 그래, 고개 끄덕이며 맞장구쳐 주고 어떤 대목은 박장대소하고, 어떤 대목에서는 눈물도 같이 흘릴까, 하얀 자작나무 가지에 달그락달그락 국그릇 씻는 소리가 내걸리고 얼었다 녹았다 다시 얼던 길이 풀리면 보이지 않을 때까지 손 흔들어 배웅하고 빈 아궁이 앞으로 돌아와 외로워도 좋을까 종일토록 눈 내리고 다시 눈 내리는 산골 부엌 딸린 방 하나, 물소리 그치지 않는다

카시오페이아자리

다섯 개 한 줄을 맞추기가 쉽지 않다
먼저 두고도 허겁지겁 끌려다닌다
뾰족한 수가 있을 법도 한데
눈을 씻고 열 개 스무 개를 놓아도
길이 좀체 보이지 않는다
모처럼 예상한 수를 상대가 앞질러 놓는다
마음을 읽고 간 것처럼 히를 찔린다
놓은 수만 보고 다 이긴 양,
회심의 미소를 짓다가 아뿔싸
수를 다 못 읽어 또 지고 만다
결정적인 수를 적소에 찔러 넣는 고수들
은하수를 사이에 두고 오목을 둔다
가로 세로 대각선으로
밤하늘 별들을 가볍게 들었다 놓는다
무르고 싶었던 한 수들이 모인
못갖춘마디 안에서 희미한 바둑돌 하나
높낮이가 다른 음들을 향해
엉거주춤 멀리 손 내밀고 있다

연탄

이 검은 열정은
얼마나 깊은 갱도 속으로 뿌리를 뻗고 있는가

양손으로 집게를 잡고
손아귀가 아프도록 흔들어도 떨어지지 않는다

구멍마다 푸른 혀를 밀어 넣으며 타오르는
밑불과 윗불

뜨겁게 맞붙은 검은 짐승들

이 빠진 칼날 밑에서
서로의 살을 한 입씩 물고 나온다

불붙은 사랑에는 치명적인 독이 스며 있어
벽과 바닥의 허술한 틈으로
죽음의 문턱까지 다녀온 새벽

검은빛이 남은 연탄재 한 장
어둠이 가시지 않은 골목을 들여다보고 있다

거푸집

휘지 않으려 허리를 곧추세운다
생의 무게 박아 넣은 대못 하나
버티기 위해 안간힘 썼으리라
휘지 않고는 버텨내지 못할 시간
시멘트 반죽 콘크리트를 싸고
집의 캄캄한 골격을 세운다
뽑아낸 못들은 하나같이 굽어 있다
낡은 목재의 못을 뽑으며
삶과 씨름하는 얕은 이마에도
굽은 못 한 개 가로누워 있다
두 채의 집을 두 살 터울로 낳은
거푸집, 지진에 흔들리는 집을
구부러진 힘이 지탱하고 있다

삼강나루

 벌떡 일어난 두 사내가 서로를 향해 머리를 쑥 들이민다 없는 뿔 앞세우고 두 팔로 어깨를 밀며 밀어붙인다 탁 소리 나게 탁자를 친 막걸리 사발이 바닥에 나동그라진다 권커니 잣커니 오가던 호흡이 거칠게 식식거린다 누구 보라고, 고집 센 황소처럼, 한 치도 밀리지 않겠다고, 탁자를 사이에 두고 짚동 같은 두 몸이 밀고 당기는 멱살잡이, 보다 못한 주모가 나직하게 외친다, 왜 캐 왜 캐 왜 캐싸* 또렷한 발음 들릴 듯 말 듯한데, 김이 펄펄 나는 나무 주걱에서 두부 조각이 눈처럼 떨어지고, 무명 앞치마에 잔별처럼 점점이 검댕이 흩어지고, 말려주기를 기다리기라도 한 듯 흰 수염 성성한 두 얼굴이 순순히 붉은 멱살 푼다 나 아직 안 죽었다, 시위하듯, 늙지도 젊지도 않은 주모에게 힘자랑이라도 한 것일까 여기, 순두부에 막걸리 한 주전자 더, 다시 화기애애한 술판, 구경하던 나도 나를 향해 나직이 중얼거린다 외래어 같은 주문, 왜 캐 왜 캐 왜 캐싸 왜 시작했는지 모르면서 얼떨결에 시작한 싸움, 강 건너기 전에 조용히 끝내야 하는 싸움, 아무도 나무 주걱 들고 말리지 않아 끝내지 못한 싸움, 나에게도 있다

---

*왜 그래 왜 그래 왜 그래요.

숫돌

삶이 마음대로 뭉청뭉청 베어지지 않을 때
당신 가슴에 엎드려 칼을 갈았다
무디고 녹슬 때마다 가슴을 헤집고
세상에 나가 휘둘러보지도 못할 칼을 갈았다
날 세운 칼이 잘 드나 안 드나
먼저 당신 가슴을 아프게 저며보았다
눈물로 가시 돋친 말로 내가 지은
후끈거리는 덜 아문 상처 위에 칼을 갈아
당신의 뼈와 살을 베어먹고 키가 자랐다
이제 푸석거리는 숫돌이 된 내가
가슴에 안기는 어린 풀잎의 날을 갈아주며
두께가 얇아질 때마다 나날이 더
뼈마디가 쑤시고 등이 시렸을 당신을 헤아린다
겹겹의 녹슨 어둠까지 품에 안고도
달빛 일렁이는 두꺼운 들판처럼 환하던 당신
뼛속까지 속속들이 움푹 패인 당신
마침내 가슴에 구멍이 날 것을 알면서도
칼날을 품에 안기를 단 한 번 마다치 않던 당신

그 구멍 채워 드리지 못하고, 나날이
더 큰 구멍으로 갚아드린 당신, 어머니

종합선물세트

보내주신 첫 시집 잘 받았습니다 붉게 부어오른 종기와 누렇게 흐르는 고름, 비린내 나는 불능의 시간을 챙겨 넣은 빈 건조된 미라, 출구 없는 미로, 단단히 포장된 깨어지기 쉬운 희망, 질경질경 씹기 좋은 질기고 빈틈 많은 슬픔, 한 귀퉁이가 축축한 요금별납 수제품 한 상자가 무사히 도착했습니다

해설

몽유의 나무, 등을 켜다

염창권(시인)

 책 읽기는 나의 내부의 타인을, 구체적으로 당신을 생성하는 과정이다. 내 안에서 당신의 생각이나 몽유를 하도록, 아니면 탄식이나 욕설을 주고받으며 걸어갈 수 있도록, 길을 내어주는 일이다. 이 과정은 무의식의 영지에 발을 붙이지 않을 수 없는데, 나의 내부를 열어놓고 당신이 떠들게 하기 위해 방심해야 하기 때문이다.

 한편, 독자인 내가 시를 만나는 일은 시인의 내면에 잠복해 들어가는 하나의 과정이다. 허방에 빠지지 않기 위하여 시인이 만들어놓은 징검다리를 잘 확인해야 한다. 시인이 만들어놓은 표지를 따라가야 한다. 그것은 덩굴식물처럼 군데군데 뿌리를 내리고 있어, 시가 던지는 유혹은 시작도 끝도 없다.

책 읽기의 몽유 속에서 나는 자유와 강제를 동시에 경험한다. 독자인 나는 어디서나 시작할 수 있고 어디서든지 되돌아 나올 수 있다. 하지만 은밀은 존재자의 틈 사이로 얼비치는 것이어서, 친밀의 감정을 불러내야만 한다. 이제 나는 최정란의 시를 읽으면서 시인의 무의식으로 통하는 길에 들어서려 한다. 시인의 말을 빌리자면 "푸른 혀를 내밀어" 시(詩)의 "간을 보"려고 한다.

여우장갑을 낀 여우는 또 다른 시적 자아이다. 여기서는 메말라 있지 않고 동화적이며 나이를 먹지도 않는다. 현대적 문명의 흔적도 없고 고작해야 직립과 피라미드를 이야기할 정도이다. 자유롭고 편안하며 유기적이다. 여우장갑의 주인은 현명하여 제 몸을 드러내지 않고 덫에 걸리지도 않는다. 수유는 양육의 자연스런 방법이지만, 한편으로는 익사에의 공포를 동반한다. 물에 빠져 허둥거려본 사람은 이 기억을 무의식에 저장하고 있다. 최정란의 시편에는 불길이 지펴져 있다. '나무와 접 붙고 싶다'는 시인의 세계는 폭발 직전의 불온함으로 가득 차 있다. 감히 말하자면 '익사에의 공포'를 건디려는 자세이다.

> 어머니가 내 머리 위에 물을 뿌리네
> 어서 자라라 착한 아가야
> 네가 자라야 내가 떠나지

텃밭에 토마토가 자라고

줄기에 주렁주렁 언니들이 매달리고

꽃이 겨우 떨어진

나는 연못 쪽으로 뿌리를 뻗네

사람은 집 한 채를 지어봐야

세상 물리를 안단다

지붕이 낮은 아버지가 말씀하시네

곧 빨간 기와를 올릴 거야

일기장에 토마토만 한 무덤이 생기네

—「토마토」 전문

   인용 시에서 어머니의 수유 행위는 죽음이나 가출을 예비한다. 이 시에는 시적 화자의 성장에 대한 불안감이 잠재해 있다. "꽃이 겨우 떨어진/나는 연못 쪽으로 뿌리를 뻗"는데 아버지는 "곧 빨간 기와를 올릴 거야"라고 말할 뿐이므로, 집은 아직 완성되지 않았다. 줄기엔 언니들이 주렁주렁 매달려 있고, 어머니는 나를 떠나기 위한 방편으로 물을 뿌린다. 아버지의 집은 지붕이 낮다. 나는 성장한다. 양육의 책임은 어머니에게 주어져 있고, 어머니는 이를 벗어나려고 한다. 시적 화자인 나는 일기장에 토마토 무덤을 만든다. 토마토는 더 이상 성장하지 않는다.

수상하다
이렇게 축축한 나무는 처음이다

구석구석 물길이 뻗어 있는 입구를
환하게 열어두고
사이렌 소리를 울린다
수천의 하얀 손짓 집요하게 밀어 올린다

홀린 것들은 모두 꽃의 문턱을 넘어서
나무 안으로 걸어 들어간다

삼베옷처럼 꽃잎이 깔린 늪 바닥으로
침전되는 봄, 서둘러 사람들이 걸어 들어간
입구를 감쪽같이 지운다
　　　　　　　　　　　　　　—「목련」부분

  수유의 공포는 물기 있고 젖어 있는 것들에 대한 의혹으로 연결된다. "수상하다/이렇게 축축한 나무는 처음이다"에서 보듯, 물기가 있는 것들은 처음부터 사람들을 홀리게 한다. 나중에는 아무 혐의도 찾아내지 못하도록, 그 흔적마저 지워버린다. 이윽고 "홀린 것들은 모두 꽃의 문턱을 넘어서/나무 안으로 걸어 들어가"서 실종되고 마는데, 여전히 나무는 다음 해

다시 축축한 꽃잎을 피워 올린다.

> 강의 지류라는 이름을 가진 여자
> 쌀국수 같은 아오자이 여자
> 중매로 선 본 이국 남자와 서둘러
> 사흘 만에 결혼한 여자
> 둥근 눈 안에 열대우림을 가진 여자
> 이마에 달빛이 불법체류 하는 여자
> 겁먹은 생의 변두리에서
> 웃음을 전염시키는 여자
> 뒤에서 안아도 가슴이 범람하는 여자
> 강물로 깊어지는 물의 여자
> 태풍을 부르는 푸른 입술 여자
> 마침내 바다가 되는 머나먼 여자
>
> ―「송다」 전문

　물이 많다는 것은 다산을 가능하게 하는 여성의 상징이다. "강물로 깊어지"고 "마침내 바다가 되는 여자"인 베트남 아가씨 '송다'는 생이 범람하여, 여성성의 상징인 물 자체의 속성이 타인을 파괴하고 자신마저도 해체시킨다. 그녀는 낯선 타향의 삶을 이어가고 있으나, "겁먹은 생의 변두리에서/웃음을 전염시키는 여자"에서 보듯 두려움과 각박함이 살붙이처럼 동행

한다. 몸에 너무 물기가 많아 생이 질질 끌려가면서도, 그 물기를 거둘 수 없는 업장의 생이다. '송다', 그녀의 여성적인 삶은 이국의 신비를 가지고 있으면서도 질척해져서 무거운 물의 세계에 고여 있는 셈이 된다. 그러나 무겁게 고여 있는 물, 깊어지는 물은 최정란의 시에서는 달갑지 않다. 고여 있는 것은 생의 무게를 환기시킴으로써 구속감을 느끼게 하고, 몽상에 있어 두통을 유발한다. 자유로움, 그것은 물기를 비우고 불꽃으로 연소 될 때나 가능한 것이다.

> 한 열흘 걸어 잠그고 코피 터지게
> 섹스나 했으면 하던 청춘, 없다
> 시공을 초월한 만남으로 밤새운 새벽
> 하얀 눈 위에 동백꽃 피운 적, 없다
> 열정의 주먹을 주고받다가 큰 大 자로
> 사각의 링 가운데 누워본 적, 없다
> 비곗덩이 강둑을 뚫고 흘러나오는
> 붉은 강, 질문을 그치지 않는다
> 싸우기도 전에 백기를 들어버린 몸이
> 바닥으로 스며든다, 아득할 수밖에
> ―「코피」전문

그렇다. "비곗덩이 강둑을 뚫고 흘러나오는/붉은 강"인 코피는 "질문을 그치지 않는다". 질문은 무거워진 몸의 내부로부터 아득하게 들려온다. 사랑으로 온몸이 불덩이 같은 꽃을 피울 때, 펀치가 작열하여 얼굴에 불꽃 푸른 꽃을 아름답게 피워낼 때, 내부의 기화된 열은 코피로 분출된다. 그것은 내부의 마그마 같은 열기가 화산처럼 분출하여 몸을 잠시 식히는 과정이다. 그러나 물기에 젖어 있는 생, 물에 젖은 솜처럼 무거워진 생은 얼마나 가혹한가. 그것은 열기도 없이 코피를 쏟게 하고 몸을 낮추게 한다. 섹스와 격투는 형식을 바꾼 다른 이름의 열정이고, 밤을 지새우는 모색의 시간은 온몸을 점화시켜 몽상의 등불을 켜려는 의지의 표현이다. 시인은 아마 그랬을 것이다. 그 의지를 충동질하며 살아왔던 것인데, 삶은 어느덧 전환점에 서 있다. 시간은 불혹을 가리키고, 몸 안에 가두고 기르다가 내놓은 것들에 대한 생각조차 희미해진다.

> 투정하고 보채는 세상 남자들이
> 내 젖 먹고 자란 아들 같다
> 꽃구름 들떠 바라본 사월 들판
> 잠시 가슴에 넣고 다녔던가
> 내 안에는 내가 알고 있는 것보다
> 더 까다로운 입덧이 들어 있어
> 낯익은가 하면 낯선 눈썹과
> 변덕스런 서풍이 이마를 스쳐 간다

삼나무 숲에 걸린 달을 따는

수많은 상상임신 끝에 마침내

아들 무리를 거느린 족장이다

누덕누덕 기운 나를 엄마라 불러다오

강 하나 건널 때마다 더 무거워지는

물 먹은 목화솜, 모란꽃무늬 이불

걷어내며, 긴 헛구역질을 끝낸다

—「불혹」 전문

불혹에서는 세상을 생성하려는 욕망이 너무나 강렬하여 "수많은 상상임신 끝에 마침내/아들 무리를 거느린 족장이다"라고 선언한다. 물론 몽상을 통해서 말이다. 생래적으로 마음속에 품어 기르다가, 마침내 밖으로 내보이고자 하는 것은 시인의 본능이다. 이러한 모색의 결과 "내 안에는 내가 알고 있는 것보다/더 까다로운 입덧이 들어 있어"라는 자기 확인 과정을 거친다. 입덧은 생성의 과정에서 드러나는 중독 증상이며, 몸이 말하는 고통의 표현이다. 내 몸의 일부를 떼어내어 또 다른 하나를 만들어내는 일은 몸이 헐거워지고 느슨해지는 과정을 동반한다. 꽃무늬 이불을 걷어낸 뒤의 몸은 물먹은 목화솜처럼 무거워져 있다. 이렇듯 시인이 두려워하는 무게에의 공포, 혹은 익사에의 공포는 바로 시간이 가져다주는 무게에서 연유하고 있음을 알 수 있다.

잎 지으랴 꽃 빚으랴 바쁜 나무
봄이 주문한 꽃들의 견적서를 쓰고
잎들의 월간 생산 계획을 짠다
가장 알맞은 순서도에 따라
발주 받은 꽃들을 완성한다
납기에 늦지 않게 꽃들을 싣고
잔가지 끝까지 빠짐없이 배달하려면
손이 열 개라도 모자란다
붉은 낙엽 털어내 연말 결산하고
안으로 굳은 옹이를 쓰다듬는 나무
대차대조표에 빈 가지만 남아도
봄이면 꼼꼼하게 부름켜 조이고
제 몸의 숨은 스위치 올려
가지와 뿌리를 닦고 기름 친다
나무 공장에 출근힐 수 있다면
숙련공 대신 임시직으로 채용된다면
꽃 지고 난 뒷설거지까지
성심성의껏 나무를 거들고 싶다
첫 월급봉투 받아들고 두근거리며
나무의 봄과 딱 한 번, 접 붙고 싶다

　　　　　　—「산벚나무에 이력서를 내다」 전문

그는 나무 공장에 취직하고 싶다. 임시직이라 해도 좋다. 왜냐하면 나무가 제 몸에 스위치를 올려 꽃불을 켜는 것을 볼 수 있기 때문이다. 나무가 꽃을 피우는 순간, 나무의 의지는 기화되어 공중으로 퍼진다. 이 소식을 듣고 벌과 나비가 찾아온다. 꽃을 피우는 것은 외부를 향해 나무의 내부를 개방하는 일이다. 출산의 순간처럼 위험을 동반하며 수고스러운 일이다. 시인은 이 일을 하는 나무를 거들고 싶어 한다. 왜냐하면, 자신의 몸도 봄의 수액을 길어 올리는 나무의 속성을 닮아 있기 때문이다. 그래서 나무는 부러움의 대상이자 동정의 대상이기도 하다.

  이쯤에서 시적 화자의 내밀을 언급하자면, 언젠가 꼭 한 번은 저질러야 할 불온함이 가득하다. 이를테면 "첫 월급봉투 받아들고 두근거리며/나무의 봄과 딱 한 번, 접 붙고 싶다"에서 드러나는 무의식을 충동질하는 소망은 무엇인가? 한마디로 나무는 서 있는 촛대이다. 시적 화자는 이 나무에 접 붙어 한 번 폭발해 보고 싶다는 것인데, 그 꽃피움은 가연성이며 촛대가 되는 나무를 전소시킬 수 있다는 점에서 파괴적이다. 이 지점은 가학과 피학의 양면에 걸쳐 있다는 점에서 모순적이다.

  유사하게, "한 발의 명중", "딱 한 번", "처음", "한 방향", "꼭 올 한 사람", "붉은 이름 하나", "대못 하나" 등에서 보이는 바, 전일성(全一性)에 대한 가혹한 의지는 중독성을 띠고 있으며 파괴적 결말을 암시하고 있다. 자연 속에서 방황하고 확산되어 있는 것이 에너지로 충만해질 수는 없다. 힘은 긴밀하고 응결된 것을 필요로 한다. 바슐라르에 의하면, 화력은 그것이 위축되고 수축될 때 가장 강한 것이 된다. 불은 모든 부(富)가 그러하듯 집중을 꿈꾼다. 꿈꾸는 자는 그것을 지키는 데보다 편리한 조그만 공간에 불을 가두어 놓는다. 그래서 "한 발의 명중"(「화살」)이 있기까지 집중을 풀지 못하는 것이다.

불을 피우는 일은 종종 성적인 환상을 불러일으킨다고 한다. 원시인들이 나무를 마찰시키는 방법으로 불꽃을 찾아낸 것은, 나뭇가지 부딪침에서 유추한 것이 아니라, 몸을 맞대는 성적인 비유에서 발견된 것이라 한다. 인도네시아 원주민들에게는 축제가 끝나면 모닥불을 맨발로 흩드려 끄는 풍속이 있다. 불은 에너지를 생성하지만 결과적으로 모든 것을 태우고 만다. 그 불이 내 몸에 옮아 붙기 전에 몸으로 대응하여 꺼뜨려야 하는 것이다. 그들의 행위는 내 몸으로 불을 이길 수 있다는 것을 증명하기 위함이다.

그러면 불의 연원은 어디에 있는가? 동양의 오행설에 의하면, '목생화(木生火)'이니, 불의 근원은 나무의 내부에 저장되어 있다. 그런데 '수생목(水生木)'이므로 나무를 키워낸 것은 물이다. 모든 생성은 물에서 비롯된다. 즉 물이 나무를 키워내고, 자라난 나무는 그 내부에 불씨를 품고 있다. 나무는 그 어머니 되는 물기를 자양으로 하여 내부의 열량을 키워나간다. 시적 화자의 몸은 신목(神木)이 되어 물과 바람과 이웃들과 함께할

터인데, 내부의 열량을 키워나가기에는 물이 턱없이 부족하다.

>자주 목이 마르고 이따금씩
>마음이 물속으로 걸어 들어간다
>
>사주에 불이 많아
>물가에 가서 살거나 물하고 친해져야 한다
>
>백 년 만의 폭설이
>하늘을 떠돌던 물을 미리 당겨 써서
>가뭄이 닥칠 것이다
>―「물 水 자를 베고 자는 잠」 부분

 운명의 표상이 되는 사주에 불이 많다. 시적 화자는 몸의 내부에서 기화되는 열로 인하여 늘 목이 마르다. 시적 화자는 이 화기를 견디기 위해 "물을 미리 당겨" 쓰는데, 그로 인해 "가뭄이 닥칠 것이다"는 예언을 내린다. 나무는 시인의 대리자인 우주목(宇宙木)이고, 이 나무는 하늘로 가지를 솟구쳐 접신(接神)을 이룬다.
 다니엘 키스트(Daniel Kister)는 부조리극과 무당굿을 비교하면서, 양자가 모두, 어떤 불가사의한 힘에 농락당하는 미약한 존재로서의 인간에서 벗어나, 우리가 살고 있는 현재와 미래를 완전히 꿰뚫어 보고자 하는 희구 속에 공통적으로 뿌리 박고 있다고 하였다. 즉 자신의 운명을 예견하고 죽음 저 너머까지 투시하고자 하는 지극히 인간적인 발로가 예술적으로 승화된 것이 부조리극이나 무당굿이라는 것이다. 시인이 시를 쓰는 행위는 '신내림'을 집행하는 무녀의 중얼거림과 유사하다. 나무와 꽃, 새 등의 자연물과 일체감을 형성하면서 찾아내는 예언자적 감수성은 최정란 시인이 갖고 있는 기질적 특성이다. 이 예언자적 감수성은 그의 시가 언어로써 신학적 상상력을 구축하는 한 방법임을 보여준다.

물은 나무를 기르고, 나무는 불꽃을 물고 있는데, 그중 풍부한 물방울의 양육 의지는 젊은 엄마의 본질적 속성이다. 여성적인 풍부한 양육의 원형은 달빛을 통해 대유된다. 달빛에는 차고 기우는 나름의 길이 있다. 전래동화 「우렁각시」에서 나오는 바, 물속의 모든 패류와 갑각류들은 달빛을 닮아 몸이 가득 차오르거나 홀쭉하게 비워진다. 따라서 "달의 수위가 낮아진다"(「과수원이 있던 자리」)는 표현은 내 몸 안에 키운 것들이 썰물처럼 빠져나가고, 새로운 것을 채워 넣기 위해 공허를 견디는 중이라는 말과 같다. 지상을 비추는 달빛은 비우고 채우는 과정을 단 한 번이라도 소홀히 한 적이 없다.

꽃그늘을 넘나들며 잉잉대던 벌들 오지 않는다
달빛 그윽하게 깊어지던 과수원, 달빛 고이지 않는다

> 누수가 진행된 틈으로 달의 수위가 낮아진다
> 텅 빈 분화구 붉은 흙먼지가 자욱하게 눈을 찌른다
> 물 밖에 나온 물고기처럼 바닥이 배를 뒤집어 보인다
> 몸에도 자세히 보면 달빛 새어나간 틈이 무수히 많다
> 철모르는 사과꽃들 피어나던 마음 한 채 들어낸다
> ―「과수원이 있던 자리」 전문

 시적 화자는 어느덧 불혹을 지나면서 "몸에도 자세히 보면 달빛 새어나간 틈이 무수히 많다"고 한다. 개체의 몸인 한 여성은 자연물인 달빛처럼 무한히 순환의 연쇄를 이루어낼 수 없다. 유한한 삶이며, 유한한 삶에 대한 인식은 고통을 수반한다. "텅 빈 분화구 붉은 흙먼지가 자욱하게 눈을 찌"르는데, 더 이상 달빛은 고이지 않는다. 내적으로 가득 차올라 충만한 상태가 양육의 성질을 가지고 있다면, 누수가 진행되면서 흙먼지가 자욱한 텅 빈 분화구는 물고기 한 마리 키울 수 없는 불모의 상징이 된다. 텅 빈 분화구 바닥이 물고기처럼 배를 뒤집어 보이기 때문이다. 그런데 이와 같은 인식을 실상 몸보다 마음이 먼저 알아채는 것이 문제이다. 마음이 먼저 사막의 길을 가고 있다. "철모르는 사과꽃들 피어나던 마음 한 채 들어낸다"에서 그동안 자주 꽃을 피운 것은 철모르는 마음이 시킨 일이니, 그 마음 한 채를 들어내어 또다시 누수의 반복을 겪지 않으리라는 다짐을 하게 되는 것이다.

나무는 꽃을 피우려는 본성을 가지고 있다. 그러나 나무가 철을 놓쳐 꽃을 피운다면, 스스로를 상하게 한다. 이를 제어하려는 의지, 이미 시간이 지났다는 확인, 이러한 사유는 단단한 목질처럼 깡말라 있다. 나무에게는 성장기의 흔적이 있다. 그 흔적을 하나씩 벗겨내어 생의 물무늬를 확인하는 작업이 대패질이다. 대팻집나무는 자라나서 몸에 칼을 품고 자신의 누추한 속살을 벗겨내는 일을 한다. 이는 뫼비우스 띠처럼 내가 나를 더듬어 내력을 확인하는 일이 된다.

> 오래 참은 말처럼 입을 꾹 다물고 있는
> 옹이를 깎아낸다
> 위태로운 내력을 한 장씩 들춰내며
> 가슴을 훑어 내려가는 이 날카로운 것이
> 영혼의 누추한 속살을 샅샅이 뒤져본 대팻날이라니
>
> 햇빛을 보지 않은 지 오래되어 녹슬었던가
> 바람이 숲을 지날 때마다
> 향기 대신 비명이 깎여 나온다
> 대팻밥처럼 얇게 밀리는 바람 소리, 귓가에 쌓인다
>
> 누가 대팻집나무를 여기에 심었을까
> 나에게 말고는 아무에게도 날을 들이댈 수 없는데

―「대팻집나무」부분

  내 안에 대팻날이 지나가는 곳에, 오래 참은 말과 같은 옹이가 있고, 위태로운 내력이 있고, 영혼의 누추한 속살이 있다. 그런데 이 대팻날은 녹슬어 있어, 내 안의 향기가 아닌 비명이, 얇게 밀리는 바람 소리가, 깎여 나온다. 이는 대패질 자체가 내 안의 나를 엄하게 다스리는 한 방법이기 때문이다. 메말라 있는 것들은 생의 조건이 가혹했음을 나타내는 표지이다. 하루 치 삶은 사막을 건너는 것과 같고, 갈증의 시간은 몸을 메마르게 한다. 삶의 터전에 관한 모든 은유는 어머니 자궁과 같은 것이지만, 그 터전은 각박하고 단단하여 생이 틈입할 기회를 주지 않는다. "뽑아낸 못들은 하나같이 굽어 있다(「거푸집」)". 곡진한 생의 의지는 하나같이 구부러지고 휘어진다. 그것은 어머니의 자궁이 너무나 단단하기 때문이다. 시적 화자의 태도로 미루어 보아, 메마름은 여성성에서 유추한 것이고, 적어도 그 일부는 시적 화자의 몫에도 기인한다. 나무는 꽃을 피울 수 없을 때조차 꽃을 피우는 꿈을 꾼다. 꽃피움의 몽유를 거치지 않고는 살아 있는 나무라 할 수 없다. 꽃은 나무가 매다는 등불이기 때문이다.

  먼 바다에서 증발한 안개를
  온몸으로 빨아들인다

메말라서, 멀리 있어서,

한 마디 핑계 없이 꽃 핀다

사막을 꽃으로 덮는 것은

그립다는 엄살과

보고 싶다는 투정이 아니다

아직 태어나지 않은

꽃들의 목마른 영혼이

혼신의 힘을 다해 빨아들이는

사랑의 흡·인·력

마른 모래에 꽃을 피운다

나미브 사막, 장엄한 꽃밭이다

―「웰위치아」 전문

"먼 바다에서 증발한 안개를/온몸으로 빨아들"여 "사막을 꽃으로 덮는" 웰위치아는, 시인이 마른 물과 땅을 이야기하면서도 꽃에 대해 말문을 닫지 않는 연유이다. 투정과 핑계는 성장기를 완성하지 못한 사람의 구실에 불과하다. 그러므로 시인이 현재 '마른 땅'을 이야기하고 있다 하더라도, 그것은 꽃을 피워 보려는 의지를 시험하는 또 다른 언술에 불과한 것이 된다. 이는 그의 등단작 「두실역 일 번 출입구」에서, 말을 못 하면서도 삶의 느낌표를 만들어낼 줄 아는 농아 부부를 느꺼운 시선으로 바라보는 것에서부터 예정되어 있다.

퇴근길, 지하도 계단을 올라서면
맥도날드 불빛을 등지고 일 톤 트럭 한 대
가파른 작은 불빛을 밝히고 있다
그 불빛 아래 손짓으로만 말하는 두 사람
이마에 맺힌 근심을 닦으며 말을 굽는다
말과 말 사이, 사이 숨을 고르는 손으로
묽게 풀린 소리의 반죽을 틀에 붓고
그 위에 잘 발효된 침묵을 한 줌 얹으면
설익은 말들 숨을 죽이고 돌아눕는다
반죽 묻은 손으로 간을 맞추고
삐걱거리는 관절의 안부를 묻는 동안
젖은 말들 불의 온기를 들이마시고
완숙의 음절로 한껏 부풀어 올라
두꺼워지는 어둠을 몇 걸음 뒤로 밀어낸다
종이봉지 안에서는 단골이라고
한 마디 더 얹어준 따뜻한 덤의 말
속에 든 말없음표까지 골고루 뜸이 들고,
보드랍게 말랑거리는 말을 받아든 나는
목에 걸린 고등어 가시 같은 누추한 설움에
목멘 일상을 천천히 목으로 넘기며
무성한 차가운 말들이 파놓은
캄캄한 미로 속 숨은 함정들 용서한다

오늘도 두실역 일 번 출입구 농아 부부
소리 없이 따뜻한 느낌표를 굽는다

　　　　　　　　　　—「두실역 일 번 출입구」 전문

즉, 말 없음이 자라나서 "무성한 차가운 말"을 이기고 "보드랍게 말랑거리는 말"을 만들어 "따뜻한 느낌표"로 건네어 오는 것이다. 그러므로 시인이 말하는 메마름의 물기 없는 현실적 조건은, 그 없음으로 인하여 "사랑의 흡·인·력"이 더욱 강해져서 마침내 "마른 모래에 꽃을 피"우고 싶은 강렬한 의지를 담고 있는 것으로 보아야 한다. 이쯤 해서 표제시 「여우장갑」에 대한 해설을 붙일 수 있으리라. 이 시는 그의 시집 전체를 관통하는 무거운 주제에서 벗어나 활달한 동화적 상상력을 보여준다. 그의 메마름과 현실에 대한 핍진한 인식은 이 시에 나타나지 않는다.

솜털이 보송보송한 앞발이 쏘옥 들어가는 작은 주머니 같은 장갑입니다. 여우가 앙증맞고 깜쩍한 앞발을 밀어 넣습니다. 눈 덮인 겨울 산을 향해 귀를 세웁니다. 눈 위에 콩콩 발자국을 찍으며 작고 예쁜 여우가 뛰어갑니다.

이제 발 대신 손이라고 불러야 하는 앞발을 엉거주춤 들고 여우는 직립을 시작할지 모릅니다.

장갑 한 켤레 때문에 여우가 직립을 시작한다면 사람들은 더 이상 중학교 일 학년 교과서에 직립이 인간을 다른 짐승과 구별하는 요소라고 쓰지 않을 것입니다. 앞발을 사용하게 된 여우들의 문명이 시작될 것입니다. 여우들은 문명의 발상 원인을 한 마디로 장갑 때문이라고 밝힐 것입니다. 최초로 장갑을 낀 여우를 기억할 것이고 그의 영생을 위한 피라미드를 세울 것입니다.

―「여우장갑」부분

　'여우장갑'을 낀 여우는 시인의 또 다른 시적 자아이다. 이 시적 자아는 메말라 있지 않고 동화적이며 나이를 먹지도 않는다. 현대적 문명의 흔적도 없고 고작해야 직립과 피라미드를 이야기할 정도이다. 자유롭고 편안하며 유희적이다. '여우장갑'의 주인은 현명하여 제 몸을 드러내지 않고 덫에 걸리지도 않는다. 여기서 여우는 다시 여성적인 것으로 환치되며 삶의 우여곡절에서 완전히 해방되어 순수 자연으로서의 본성을 회복해 있다. 이를 위해서는 '여우장갑'이라는 마술적 소도구를 인정하고 시를 읽지 않으면 안 된다.
　이 글을 쓴 독자인 나는 최정란의 『여우장갑』을 통하여 행복한 시기를 경험하였다. 나는 시집에 놓인 망상(網狀)의 길들 중에서, 단 하나의 길을 선택하여 걸어갔을 뿐이다. 그 길이 오솔길 모양으로 호젓하였으므로, 독자로서 몽상을 키우기 적합하다고 판단했기 때문이다. 내 나름의 관념에 충실하면서 길에서 만난 풍경들을 이야기했을 터이니, 해석상 많은 오류가 있을 것으로 생각된다. 아무튼 시 읽기가 즐거울 수 있도록 시의 내일에 닿으려는 시도를 멈추지 않았고, 읽어가는 과정에서 이 글에서 표현 불가능했던 어떤 무한한 느낌도 선사 받을 수 있었다. 조르주 풀레(Georges Poulet)는 텍스트가 가지는 형식적인 특징보다는 작가와 독자 사이의 긴밀한 유대 관계의 특징을 강조하였다. 다른 독자들도 『여우장갑』과 유대를 이루는 과정에서, 자신이 소유한 내밀성과 시인의 내밀성이 만나면서 행복한 대화의 시간을 갖게 되기 바란다.

문학의전당 시인선 393

여우장갑

ⓒ 최정란

  초판 1쇄 발행 2007년 4월 30일
개정판 1쇄 발행 2025년 8월 25일
    지은이 최정란
    펴낸이 고영
    디자인 헤이존
    펴낸곳 문학의전당
    출판등록 제448-251002012000043호
      주소 충북 단양군 적성면 도곡파랑로 178
      전화 043-421-1977
    전자우편 sbpoem@naver.com

    ISBN 979-11-5896-705-5 03810

*이 책의 판권은 지은이와 문학의전당에 있습니다.
*양측의 서면 동의 없는 무단 전재 및 복제를 금합니다.
*잘못 만들어진 책은 바꿔드립니다.